AF341135

La véritable effigie du petit Prophête
de Boemischbroda.

LE PETIT

PROPHÉTE

DE

BOEHMISCHBRODA

par Grimm

ICI SONT ECRITS LES VINGT-UN

Chapitres de la Prophétie de GABRIEL JOAN
NES NEPOMUCENUS FRANCISCUS DE PAULA
WALDSTORC, dit WASDSTOERCHEL, natif de Boehmifchbroda en Bohême, Philofoph. & Theolog. moral. Studio. in colleg. maì. RR. PP. Societ. Jef. Fils de
difcrete & honorable perfonne, EUS
TACHIUS JOSEPHUS WOLFGANGUS
WALDSTORCH, Maître Lutier &
Facteur de violon, demeurant
dans la Judengafs de l'Altftadt
à Prague, auprès les Carmes, à l'enfeigne du violon rouge, & il les a
écrits de fa main,
& il les appelle
fa vifion
Lat.

CANTICUM CYGNI BOHEMICI.

CHAPITRE PREMIER.

Les trois Menuets.

E T j'étois dans mon grenier que j'appelle ma chambre, & il faifoit froid & je n'avois point de feu dans mon poële, car le bois étoit cher.

A

Et j'étois enveloppé dans mon manteau qui autrefois étoit bleu & qui est devenu blanc, attendu qu'il est usé,

Et je râclois sur mon violon pour me dégourdir les doigts, & je vis que le carnaval de l'année prochaine seroit long.

Et le démon de l'ambition souffla dans mon ame, & je me dis à moi-même :

Allons composer des menuets pour la Redouté de Prague, & que ma gloire vole de bouche en bouche & qu'elle soit connue de toute la terre & de toute la Bohême.

Et qu'on me montre au doigt en m'appellant le faiseur de Menuets κατ᾽ ἐξοχὴν cela veut dire par excellence,

Et que la beauté de ces menuets soit prônée & par ceux qui les danseront & par ceux qui les joueront, & qu'on les joue pendant la foire de *Jubilate* à Leipsic dans toutes les Auberges, & qu'on dise.

Voila les beaux Menuets du Carnaval de Prague, voilà les Menuets de Gabriel Joannes Nepomucenus Franciscus de Paula Waldstorch, Etudiant en Philosophie : voilà les Menuets du grand faiseur, les voilà !

Et je m'abandonnai à toutes les chimeres de l'orgueil, & je m'enyvrai de la fumée de la vanité, & je mis mon chapeau de travers;

Et je me promenois à grand pas dans mon grenier, que j'appelle ma chambre, & je difois dans l'yvreffe de mes projets ambitieux :

Ah que mon pere fera glorieux d'avoir un fils illuftre : ma mere bénira le ventre qui m'a porté & les mammelles qui m'ont allaité !

Et je me complaifois dans l'égarement de mes idées, & je ne m'en laffois pas, & je redreffois ma tête que de mon naturel je ne porte pas fort haute.

Et l'ambition m'échauffoit, encore qu'il n'y eût point de bois dans mon poële & je difois :

Ah qu'il eft beau d'avoir de l'élévation dans l'ame & que l'amour de la gloire fait faire de grandes chofes !

Et je relevai mon manteau qui autrefois étoit bleu, & qui eft devenu blanc, attendu qu'il eft ufé, & je pris mon violon, & je compofai fur le champ trois menuets l'un après l'autre ; & le fecond étoit en mineur.

Et je les jouai fur mon violon & ils me plurent fort, & je les rejouai & ils me plurent davantage ; & je dis : ah qu'il eft beau d'être Auteur !

CHAPITRE II.

La Voix.

ET tout d'un coup ma chambre qui n'est qu'un grenier, fut illuminée par une grande lumiere, encore qu'il n'y eût qu'une chandelle d'un denier sur ma table.

(Car je brûle de la chandelle, quand je fais la Musique, car je suis gai,

Et je brûle l'huile de la navette, quand je fais de la Philosophie, car je suis triste.) Et j'entendis une voix qui faisoit un éclat de rire, & son rire étoit plus éclatant que le son de mon violon.

Et je me fâchois de ce que l'on se moquoit de moi, parce que de mon naturel je n'aime pas la moquerie.

Et la voix que je ne voyois pas, me disoit:

Défâche - toi, car je me moque de ta colere, & de ton naturel tu n'aimes pas la moquerie.

Et défâche-toi vîte & renonce à tes projets de gloire, car je les ai toujours anéantis, car ils étoient contraires aux miens.

Et un autre fera les menuets pour le Carnaval de Prague, & les tiens ne feront pas joués à la Foire de Leipfic, car tu ne les auras pas faits.

Car je t'ai choifi & élu parmi tes camarades, pour annoncer des vérités dures à un peuple frivole & préfomptueux, qui fe moquera de toi, (encore que de ton naturel tu n'aimes pas la moquerie (parce qu'il eft indocile & volage , & qui ne te croira pas, parce que tu lui diras vrai.

Et je t'ai choifi pour cela, parce que je fais ce qu'il me plaît , & que je n'en rends compte à perfonne.

Et tu ne feras point de Menuets, car c'eft moi qui te le dis.

CHAPITRE III.

Les Marionnettes.

ET une main me faifit par le toupet, & je me fentis tranfporté dans les airs, & je fus en chemin depuis le Jeudi jufqu'au Vendredi, & j'étois enveloppé dans mon manteau qui autrefois étoit bleu, & qui eft devenu blanc, attendu qu'il eft ufé.

Et j'arrivai dans une ville dont je n'avois pas entendu parler jufqu'à ce jour, & fon nom étoit Paris, & je vis qu'elle étoit fort grande & fort fale.

Et c'étoit le foir, & il étoit la cinquiéme heure du jour, & je me trouvois dans une Salle de Spectacle où l'on arrivoit en foule;

Et mon cœur treffailloit de joie, car j'aime à voir les beaux Spectacles ; & encore que je ne fois pas riche, je ne regarde pas à l'argent, quand j'y vais.

Et je me difois à moi-même, (car j'aime à me parler à moi-même, quand j'en ai le tems :)

Sans doute que c'eft ici qu'on fait jouer Tamerlan & Bajazeth par les grandes Marionettes, car je trouvois la Salle trop fuperbe pour être feulement le Théâtre d'un Polichinelle.

Et j'entendis accorder des violons, & je dis : fans doute qu'on donnera auffi la ferenade, & qu'on fera danfer les petites Marionettes, quand les grandes auront dit leur fait,

Car je trouvai le Théâtre affez grand pour cela, & encore que, pour faire fortir les Marionettes, il pût y avoir quelque embarras dans les couliffes, (car elles étoient étroites) je jugeai qu'il pouvoit danfer jufqu'à fix Marionnettes de front, & que cela devoit être très-beau.

Et encore que j'eusse vû beaucoup de bou-tiques de Marionettes en ma vie, je n'en connoissois pas de plus belle : attendu que les Décorations étoient superbes, & les Lo-ges richement dorées : le tout avec grand goût & fort propre.

Et dans tous les Théâtres ambulans de la Comédie Allemande, je n'avois rien vu d'approchant, encore que ce soit des hommes qui y jouent, & non pas des Mario-nettes.

Et encore que chez nous les Décorations soient plus luisantes, parce qu'on les huile avec de l'huile, & qu'on ne craint pas la dépense, je trouvai néanmoins que celles-ci auroient été plus belles que les nôtres, si on les eût huilées comme chez nous.

CHAPITRE IV.

Le Bucheron.

ET pendant que je me parlois ainsi à moi-même (car j'aime à me parler à moi-même, quand j'en ai le tems) je trouvai que l'Orcheftre avoit commencé à jouer, fans que je m'en fuffe apperçu , & ils jouoient quelque chofe qu'ils appelloient une ouverture.

Et je vis un homme qui tenoit un bâton, & je crus qu'il alloit châtier les mauvais violons , car j'en entendis beaucoup parmi les autres qui étoient bons, & qui n'étoient pas beaucoup.

Et il faifoit un bruit comme s'il fendoit du bois , & j'étois étonné de ce qu'il ne fe démettoit pas l'épaule, & la vigueur de fon bras m'épouventa.

Et je fis des réflexions , (car j'aime à faire des réflexions, quand j'en ai le tems) & je me difois à moi-même :

Oh que les talens font déplacés dans ce monde, & comme pourtant le génie fe montre , encore qu'il foit mal à fa place !

Et je difois : fi cet homme-là étoit né dans la maifon de mon pere qui eft à un quart de lieue de la Forêt de Boehmifchbroda en Bohême, il gagneroit jufqu'à trente deniers par jour, & fa famille feroit riche & honorée, & fes enfans vivroient dans l'abondance :

Et l'on diroit : voilà le Bucheron de Boehmifchbroda, le voilà ! Et fon fçavoirfaire n'y feroit pas de trop ; au lieu qu'il ne doit pas gagner de quoi manger fon pain ni de quoi boire fon eau dans cette boutique.

Et je vis qu'on appelloit cela battre la mefure , & encore qu'elle fût battue bien fortement , les Muficiens n'étoient jamais enfemble.

Et je commençai à regretter les férénades que nous faifons , nous autres Ecoliers des Jéfuites dans les rues de Prague quand il fait nuit , car nous allons enfemble , & nous n'avons point de bâton.

Et la Toile fut levée , & je vis des cordes dans le fond du Théâtre , & on les jettoit ;

Et je me difois à moi-même : fans doute qu'on va les attacher à la tête de Tamerlan , & qu'il aura un grand train d'autres Marionettes après lui , car il y avoit beaucoup de eordes , & il ouvrira la Scène comme cela , & le Spectacle fera magnifique.

Et je trouvai mal qu'on n'eût pas attaché les cordes avant que de lever la toile , comme l'on fait chez nous : car j'ai le jugement bon.

CHAPITRE V.

Les Yeux noirs.

ET point du tout. Et je vis arriver un Berger, & l'on cria : voilà le Dieu du Chant, le voilà. Et je vis que j'étois à l'Opéra François.

Et sa voix affectoit & flattoit mes oreilles, ses plaintes me touchoient, & il exprimoit avec art tout ce qu'il vouloit, & encore qu'il chantât lentement, il ne m'ennuyoit pas, car il avoit du goût & de l'ame.

Et je vis arriver sa Bergere, & elle avoit de grands yeux noirs qu'elle lui faisoit doux pour le consoler, car il en avoit besoin, car il le lui dit.

Et elle avoit la voix légere & brillante, & le timbre en résonnoit comme l'argent, & il étoit pur comme l'or qui sort de la fournaise, & elle chantoit bien, des chants qui n'étoient pas bien, & son gosier arrondissoit ce qui étoit plat.

Et encore que la musique fût chétive & pauvre, il n'y paroissoit point quand elle chantoit, & je disois : ah la trompeuse ! car elle avoit de l'art, & fon adreffe me jettoit dans l'illufion.

Et je me difois à moi même, (car j'aime à me parler à moi-même, quand j'en ai le tems).

Sans doute que ce Berger & cette Bergere ont des ennemis qui les forcent de chanter dans les boutiques de Marionettes, pour leur gâter la voix, & pour qu'ils ayent la poirrine malade.

Car je fentois l'odeur de l'huile & du fuif qui m'infectoit, encore que je fois né dans les Forêts de Boemifchbroda en Bohême où l'air eft épais, & que j'aie fait toutes mes études à l'aide de ma lampe dont l'huile n'eft pas bonne, car elle ne coute que huit deniers : & j'ai fait de bonnes études, car je fuis fçavant.

Et je commençai à maudire les ennemis de ce Berger & de cette Bergere dans la fincérité de mon cœur, car leur voix & leur chant me faifoient plaifir, encore que leur mufique m'ennuyât, & je commençai à m'attendrir fur leur fort, & je continuai à maudire : car je fuis méchant, quand je fuis en colere.

CHAPITRE VI.

La Magicienne.

ET quand ma Bergere que j'appelle la mienne, parce qu'elle me plut, eut confolé mon Berger que j'appelle le mien, parce qu'il me fit plaifir ; & qu'ils fe furent bien careffés, & qu'ils n'avoient plus rien à fe dire, ils s'en allerent.

Et je vis arriver une femme, & elle faifoit de grands pas, & elle s'avança fur le bord du Théâtre, & elle fronça fes fourcils & montra fes poings, & je jugeai qu'elle étoit de mauvaife humeur,

Et il me fembloit qu'elle me faifoit des menaces, & je me fâchois, car je fuis prompt, & de mon naturel je n'aime pas les menaces, & mon voifin dit : non, c'eft à moi qu'elle en veut : & fon voifin dit non, c'eft à moi.

Et je cherchois dans ma tête quelle pouvoit être la caufe de ce qu'elle étoit fi furieufe, car fon rôle n'étoit que trifte, & je vis qu'il ne m'étoit pas poffible de le deviner.

Et elle avoit à la main une baguette qui étoit myſtérieuſe, parce que le Poëte l'à-voit dit comme cela, & moyennant cette baguette elle pouvoit & ſçavoit tout, ex-cepté chanter qu'elle ne ſçavoit point, en-core qu'elle crût le ſçavoir.

Et je lui entendis pouſſer des cris épou-vantables, & ſes veines s'enflerent & ſon viſage devint rouge comme la pourpre de Tyr, & ſes yeux lui ſortoient de la tête, & elle me fit peur.

Et je vis que ceux qui chantent à l'aigle de Sainte Apollonie de Wiſcherade, encore qu'ils ſoient bien repus & bien abbreuvés, ne pourroient pas tenir avec leurs poumons contre ceux de la Magicienne, & je di-ſois : ah que ne ſont-ils ici pour entendre la Magicienne, ils ne porteroient plus la tête ſi haute, & quand nous leur tirons le cha-peau nous autres écoliers, ils nous ſalueroient d'un air plus affable.

Et avec ſa voix, encore qu'elle fût fauſſe, elle fit venir les morts, encore qu'elle fît fuir les vivans ; & je me diſois à moi-même : ſans doute que ceux qui ſont morts & enterrés dans cette boutique, ont l'oreille fauſſe de leur na-turel.

Et il arriva un vieillard que la femme à

baguette appelloit jeune (car le Poëte l'a-
voit-dit comme cela) encore qu'il eût soi-
xante ans passés. Et il se gargarisoit devant
le monde en faisant semblant de chanter.

Et je trouvai en cela de l'irrévérence, &
son gargarisme duroit toujours, & son rôle
étoit fini : & je disois : puisqu'il faut tant de
préparatifs à cet homme pour chanter, on
devroit lui dire : dis nous ton rôle sans chant,
car tu le diras bien : car je suis bien avisé &
de bon conseil.

Et son gargarisme me faisoit rire, & quand
je voulois me moquer de lui, il m'en impo-
soit par son , jeu & je vis que c'étoit un homme vénérable , car il avoit de la dignité & de
la noblesse , & il faisoit des bras comme
personne n'en faisoit.

CHAPITRE VII.

La Chaconne.

ET je vis un homme qui en faisoit mieux
que lui : & l'on cria : la chaconne ! la
chaconne ! Et il ne parloit point, & je l'ad-
mirois , car il montroit son corps & ses bras ,
& ses

& ſes jambes de tous côtés , & il étoit beau ,
& quand il ſe tournoit , il étoit encore beau ,
& ſon nom étoit Dupré.

Et je vis arriver un payſan avec ſa compagne , & je jugeai que c'étoit des Muſiciens
déguiſés , car j'y voyois clair : car ils écri-
voient ſur le plancher l'air qu'on jouoit , &
par leurs pas je comptois les croches de
chaque meſure & le compte y étoit , & j'ad-
mirois leur danſe , parce que je me connois
en muſique : car leur nom étoit Lany.

Et je vis des Danſeurs & des Sauteuſes
ſans nombre & ſans fin , & ils appelloient
cela la fête , encore que ce n'en fût pas une ,
car la joye n'y étoit pas : & cela ne finiſſoit
point , & je jugeai que ces gens-là ne s'en-
nuyoient pas de ſauter , encore qu'ils euſſent
un air fort ennuyé & qu'ils m'ennuyaſſent
moi & les autres.

Et leurs danſes troubloient les acteurs à
chaque moment , & quand ils étoient dans
le meilleur de leur dire , les ſauteuſes arri-
voient & l'on renvoyoit les acteurs dans un
coin , pour faire place aux ſauteuſes , encore que la fête ſe fit pour eux ſeuls , car le
Poëte l'avoit dit comme cela ; & quand ils
avoient quelque choſe à dire , on leur per-
mettoit de venir dans le milieu , ſauf de les

renvoyer dans le coin quand ils avoient di
leur fait.

Et je trouvois que nous faisons mieux
parce que nos acteurs n'ont rien de commu
avec les sauteuses, & ils ont fini quand le
autres arrivent : car je dis ce que je pense.

Et je jugeai que le Poëte devoit être er
colere contre ces Sauteuses qui venoient in-
terrompre la conversation de ses personnages
sans dire pourquoi ?

Et je lui trouvai de la bonté d'ame, de
faire appeller les Sauteuses par ses Acteurs,
comme il faisoit, quand elles n'y avoient
que faire; & encore qu'il dit qu'elles y avoient
que faire, je n'en crus rien, car elles n'y
avoient que faire.

CHAPITRE VIII.

Le Recueil.

ET je m'ennuyai comme cela pendant
deux heures & demie, à écouter un
recueil de Menuets & d'airs qu'ils appellent
Gavottes, & d'autres qu'ils appellent Rigau-
dons, & Tambourins & Contredanses ; le

tout entremêlé de quelques ſcenes de plein chant, tel que nous le chantons dans nos Vêpres juſqu'à ce jour, & de quelques chanſons que j'ai entendu jouer dans les fauxbourgs de Prague, & nommément à l'enſeigne de la Croix Blanche & à celle de l'Archiduc-Joſeph.

Et je vis qu'on nommoit cela en France un Opéra, & je notai cela dans mes tablettes pour m'en ſouvenir.

CHAPITRE IX.

La Haute contre.

ET j'étois fort aiſe de voir tomber la toile, & je diſois : ah que je ne te verrai plus relevée !

Et la voix qui étoit mon guide, ſe mit à rire, & je compris qu'elle ſe moquoit de moi, encore que cela me fàchât, car de mon naturel je n'aime pas la moquerie.

Et elle me dit : Tu ne t'en iras pas à la redoute de Prague, & tu ne t'en iras pas ; car ce n'eſt pas mon deſſein.

Et tu paſſeras ici la nuit à écrire mes volontés que je te dicterai : & tu les annonceras à ce peuple que j'ai chéri autrefois , & qui m'est devenu odieux par le nombre de ses défections.

Et tu les feras imprimer , si tu peux trouver un Imprimeur : car le mensonge s'est emparé de leurs Imprimeries , & la vérité ne s'imprime plus qu'avec approbation & privilége.

Et j'obéis à la voix , parce que ma mere m'a dit : soit docile. Et je disois à la voix qui me parloit : je suis soumis à tes volontés ; mais si tu as pitié de moi ; & si tu ne veux pas me punir dans l'excès de ta rigueur :

Empêche-les de chanter pendant que j'écrirai tes volontés , & délivre-moi de la crainte de voir recommencer la chose qu'ils appellent Opéra : car leurs chants m'ont affligé , leurs jeux m'ont peiné , leur tristesse est maussade , & quand ils sont gais , ils m'ennuyent.

Et la voix me dit dans sa bonté : rassure-toi, car tu es mon fils , & je te chérissois avant que tu eusses fait les trois menuets pour le carnaval de Prague , dont le second est en mineur.

Et ils ne chanteront plus , & ton oreille sera en paix ; car ils sont dans un grand épuisement , & leurs acteurs , & le bucheron & les violons de leur orcheſtre ont beſoin de repos , car la préſentation ſuivante eſt prochaine.

Et je jugeai que , pour le bien de la poitrine , il valoit mieux ſonner du cors dans la forêt de Boehmiſchbroda depuis le lever du ſoleil juſqu'à ſon coucher , que de chanter trois fois par ſemaine la Haute Contre dans la boutique de leur Opéra.

CHAPITRE X.

Le Coin.

ET la voix me tranquilliſoit de la ſorte , & elle m'ordonna de me placer dans un coin, qu'on appelle le coin du côté de la Reine, parce qu'il eſt ſous la loge de la Reine juſqu'à ce jour.

Et encore qu'il fût obſcur , il étoit occupé par des gens lumineux. Et c'eſt-là que s'aſſemblent les Philoſophes & les beaux Eſprits, & les Elûs de la nation juſqu'à ce jour ; & les réprouvés n'y entrent point, car ils en ſont exclus.

Et l'on y dit le bien & le mal, & le mot &

la chofe. Et c'eft-là qu'on entend le mot qui défole les mauvais Poëtes, & la chofe qui fait trembler les mauvais Muficiens.

Et l'on s'y ennuye rarement, parce qu'on n'écoute gueres, & l'on y parle beaucoup, encore que la fentinelle dife : Meffieurs, ayez la bonté de baiffer la voix, Meffieurs, ayez la bonté de baiffer la voix !

Et l'on n'y fait aucun compte de ce que dit la fentinelle, car on aime mieux converfer que d'entendre ce qu'ils appellent chanter.

Et quand tout le monde fut forti & qu'on eut dit beaucoup de mal de ce qu'ils appellent Opéra, je tirai mes tablettes de ma poche, & je dis à la voix :

Fais-toi entendre que j'écrive tes volontés, & que je les annonce au peuple, que tu dis être léger, encore que fon chant foit lourd, & que tu dis être vif & folâtre, encore que fon Opéra foit trifte & lugubre.

Et la voix qui m'avoit parlé, devint forte, véhémente & pathétique, & j'écrivis.

CHAPITRE XI.

Ici commence la Révélation.

O MURS QUE J'AI ELEVE'S de ma main en monument de ma gloire, ô murs habités jadis par un peuple que j'appellois le mien, parce que je l'avois élû dès le commencement, pour en faire le premier peuple de l'Europe, & pour porter sa gloire & sa renommée au-delà des bornes que j'ai prescrites à l'Univers.

O ville qui t'appelles la grande, parce que tu es immense ; & là glorieuse, parce que je t'ai couverte de mes aîles : écoute-moi, car je vais parler.

Et toi, ô place, où ils ont érigé le théatre de la Comédie Française, à qui j'ai donné le génie & le goût en partage, & à qui j'ai dit : tu n'auras pas ton égale dans l'Univers, & ta gloire sera porrée depuis l'Orient jusqu'à l'Occident, & du Midi au Septentrion : écoute-moi car je vais parler.

Et toi, Théatre frivole & superbe, qui t'es arrogé le titre d'Académie de Musique lorsque tu n'en es pas une, & encore que je ne te l'aye pas permis : écoute-moi, car je vais parler.

O peuple frivole & volage, ô peuple enclin à la défection, & livré à la démence de ton orgueil & de ta vanité :

Viens que je compte avec toi, moi qui, si je veux, peut te compter pour rien : viens que je te confonde à tes yeux, & que j'écrive ta lâcheté de ma main sur ton front si altier dans toutes les langues de l'Europe !

CHAPITRE XII.

La Transmigration.

TU croupissois dans la fange de l'ignorance & de la barbarie, tu tàtonnois dans les ténébres de la superstition & de la stupidité ; tes Philosophes manquoient de sens, & tes Professeurs étoient des idiots. Dans tes écoles on parloit un jargon barbare, & sur tes théatres on jouoit les mysteres.

Et mon cœur s'émut de pitié envers toi, & je me dis à moi-même : ce peuple est gentil, j'aime son esprit qui est léger, & ses mœurs qui sont douces, & j'en veux faire mon peuple, parce que je le veux ; & il fera le premier, & il n'y aura point d'auffi joli peuple que lui.

Et fes voifins verront fa gloire & n'y pourront atteindre. Et il m'amufera quand je l'aurai formé felon ma volonté, car il eft gentil & plaifant de fon naturel, & j'aime à être amufé.

Et j'ai tiré tes peres du néant où ils étoient, & j'ai diffipé les ténébres qui te couvroient, & j'ai fait venir le jour pour t'éclairer : & j'ai porté dans ton fein le flambeau des fciences, des lettres & des arts.

Et j'ai ouvert les portes de ton entendement, pour te faire comprendre ce qui étoit caché, & j'ai limé & façonné ton efprit, & je l'ai doué de tous les dons, & je lui ai donné le goût, & le fentiment & la fineffe en partage.

Et quand je pouvois éclairer de mon flambeau & le Breton & l'Efpagnol, & le Germain & l'habitant du Nord, parce que rien ne m'eft impoffible, je ne l'ai pourtant pas fait.

Et quand je pouvois laiffer les arts & les lettres dans leur patrie, car je les y avois fait renaître, je ne l'ai pourtant pas fait.

Et je leur ai dit: Sortez de l'Italie, & paffez chez mon peuple que je me fuis élû dans la

plénitude de ma bonté ; & dans le pays que
je compte d'habiter dorénavant, & à qui j'ai
dit dans ma clémence : Tu seras la patrie de
tous les talens.

Et je t'ai donné toute cette foule de Philosophes depuis Descartes jusqu'aux Philosophes que j'ai mis à la tête de l'Encyclopédie,
& jusqu'à celui à qui j'ai dit : Fais l'Histoire
Naturelle.

Et toute cette foule de Poëtes, de beaux
esprits & d'Artistes sans nombre.

Et je les ai tous rassemblés dans un siécle,
& on l'appelle le siécle de Louis XIV. jusqu'à ce jour, en reminiscence de tous les
Grands hommes que je t'ai donnés, à commencer de Moliére & de Corneille qu'on
nomme Grands, jusqu'à la Fare & Chaulieu
qu'on nomme négligés.

Et encore que ce siécle fût passé, je fis semblant de ne m'en pas appercevoir, & j'ai per-
pétué parmi toi la race des Grands Hommes
& des talens extraordinaires.

Et je t'ai donné des Poëtes & des Beaux
Esprits, & des Peintres & des Sculpteurs de
grande force, & des Artistes sans nombre, &
& des hommes excellens dans tous les genres
depuis le grand jusqu'au petit.

Et je t'ai donné des Philosophes de grand

nom & je leur ai ouvert les yeux, pour voir ce que tu ne pouvois pas voir & ils voyoient bien, car ils difoient qu'ils n'y voyoient pas clair.

Et j'ai créé un homme exprès, en qui j'ai raffemblé tous les talens & tous les dons, pour qu'il n'y en eût point qu'il n'eût.

Et j'ai créé un autre homme lumineux, & je l'ai fait profond en entendement & de fublime conception, & je lui ai dit : Vois, & il a vû. Et je l'ai infpiré, & lui ai donné l'efprit des Loix, & il te l'a remis à toi, & il t'a fait voir ce que tu n'aurois jamais vû dans la petiteffe de ta vûe & dans la foibleffe de ton œil.

Et ta gloire s'eft confervée chez tes voifins jufqu'à ce jour.

CHAPITRE XIII.

Les Soupers.

ET encore que mes bienfaits t'ayent porté à la défection & la défobéiffance, encore qu'ils t'ayent enorgueilli, & que ta vanité & ta préfomption foient parvenues à leur comble ;

Encore que tu méconnoisses ma voix qui t'appelle, & que tu te sois livré au mauvais goût ; encore que tu courres après l'esprit que je n'appelle pas esprit & qui est faux , comme les voix qui chantent les rôles à baguette de ton Opéra ;

Encore que tu ayes abandonné le bon sens & le jugement sain , & que tu te sois jetté dans la frivolité & dans la dissipation de tes idées qui sont vuides de sens ;

Encore que tu décides journellement dans ton yvresse , des choses sur lesquelles tu n'as jamais réfléchi ;

Encore que tu condamnes & méprises tous les jours , dans la défaillance de ton esprit & dans la crapule des festins que tu appelles soupers , les Auteurs que j'ai créés & qui font toute ta gloire :

Je me suis moqué de ton insolence dans ma miséricorde , & j'ai vù tes impertinences avec l'œil de ma patience ;

Et tes révoltes si multipliées n'ont fait que multiplier les miracles & les prodiges que j'opére encore tous les jours au milieu de toi, & dans tes Académies , & sur tes Théatres , & devant tes yeux qui étoient fins & clairvoians, & qui font devenus grossiers & stupides.

Et j'ai caché ta honte & ta décadence à

tes voisins, & je leur ai inspiré du respect & de l'admiration pour toi, comme si tu n'avois pas perdu le goût des grandes & belles choses.

Et je les ai empêchés de te voir rampant dans la petitesse de tes idées.

CHAPITRE XIV.

Le Florentin.

ET de même que j'avois tiré les autres Arts de l'Italie pour te les donner tous, je voulus aussi porter dans ton sein la musique, & l'adapter moi-même au génie de ta langue.

Et je voulus créér tes musiciens, & les former & leur apprendre à faire de la musique selon mon oreille & selon mon cœur.

Et tu as méprisé mes graces, parce que je les répandois sur toi en abondance.

Et tu t'es formé dans ton endurcissement un Opéra qui m'ennuye depuis quatre-vingt ans, & qui fait la risée de l'Europe jusqu'à ce jour.

Et dans l'opiniâtreté de ton extravagance,

tu l'as érigée en Académie de Musique, en=
core que ce n'en soit pas une, & que je ne l'euffe jamais reconnue.

Et tu t'es choifi le Florentin pour ton
Idole fans me confulter, & encore que je ne
l'euffe pas envoyé.

Et parce qu'il avoit reçu la lueur du génie,
tu as ofé me l'oppofer, parce que je t'avois
donné mon ferviteur Quinault dans ma clémence.

Et tu as cru que fa monotonie m'impatien-
teroit & me forceroit à t'abandonner, parce
que je fuis prompt, & que tu voulois me laf-
fer par la multitude de tes outrages.

Et tu t'es écrié dans la ftupidité de ton ignorance : ah voici le créateur du Chant, ah le
voici !

Et parce que, dans la pauvreté de fes idées,
il a fait comme il a pu, tu l'appelles créateur
jufqu'à ce jour, lorfqu'il n'a ri créé, & que
les Allemands fatiguent mes oreilles & me
rompent la tête depuis deux cens ans, dans
leurs Eglifes & dans leurs Vêpres, par un
chant que tu appelles ton récitatif à toi,
quand il eft à eux, (encore qu'ils ne s'en van-
tent pas, parce qu'ils le trouvent mauvais) &
que dans l'imbécillité de tes idées tu crois in-
venté par le Florentin que tu appelles Mon-

CHAPITRE XV.

Le Précurſeur.

ET nonobſtant ton entêtement & l'opiniâtreté de ta démence, je ne t'ai pas rejetté dans ma colere, comme tu méritois, & je ne t'ai pas livré au mépris de tes voiſins.

Et j'ai eu pitié de l'enfance de ton jugement & de la dureté de ton oreille, & j'ai entrepris de te ramener dans la voye juſte par les chemins mêmes où tu t'étois égaré dans la folie de ton cœur.

Et j'ai entrepris de te dégoûter de la monotonie du Florentin & de l'inſipidité de ceux qui l'ont ſuivi pendant plus de quarante ans.

Et j'ai formé un homme exprès, & j'ai organiſé ſa tête, & je l'ai animé, & je lui ai dit : Aye du génie, & il en a eu.

Et quand il fut tems, je l'envoyai & je lui dis : Empare-toi de la Scène qu'ils ont appellé Académie de Muſique, encore que çe n'en

foit pas une, & purge-là de toute cette mauvaife Mufique qu'ils ont fait faire par des gens
que je n'ai jamais avoués, à commencer du
Florentin qu'ils appellent grand, jufqu'au
petit Mouret qu'ils appellent gai & gentil.

Et tu les étonneras par le feu & la force de
l'Harmonie que j'ai mife dans ta tête, & par
l'abondance des idées dont je l'ai pourvue.

Et ils appelleront baroque ce qui eft har-
monieux, comme ils appellent fimple ce qui
eft plat. Et quand ils t'auront appellé barbare pendant quinze ans, ils ne pourront plus
fe paffer de ta Mufique, car elle aura ouvert
leur oreille.

Et tu auras préparé les voyes que j'ai ima-
ginées, pour donner une Mufique à ce peuple qui n'eft pas digne de mes bienfaits : car
tu es mon ferviteur.

CHAPITRE XVI.

La Chanteufe.

ET je ne me fuis pas laffé de te combler
de mes faveurs: Et je t'ai envoyé ma
fervante Fel que j'ai tirée du fond de fa Province,

vince, que j'appelle ma Province à moi, parce que je l'aime.

Et je lui ai dit : Tu es ma fille, car je t'ai formée felon mon cœur & felon mes defirs, & je t'ai donné une grande & belle voix comme je n'en ai encore donné à perfonne parmi ce peuple, car elle eft légere, & jai mis du goût dans ton ame, & je t'ai orné d'un grand talent.

Et je t'envoye fur ce Théatre qu'ils appellent Académie de Mufique, lorfque ce n'en eft pas une. Et tu apprendras à ce peuple à chanter, car ils ne fçavent ce que c'eft, & tu ne crieras pas, & tu ne traîneras pas tes fons péfamment.

Et tu ne tiendras aucun compte du fracas qu'ils font dans la ftupidité de leur cœur, aux éclats de voix & au bourdonnement de cadences & aux fons lourds qu'ils font tirer à leurs Acteurs du fond de leurs entrailles.

Et tu te pafferas de ces applaudiffemens, car je t'ai donné une ame forte, pour faire le bien qui n'eft pas applaudi, par préférence au mal qui eft applaudi.

Et tu chanteras la Mufique de mon ferviteur Rameau à ta façon qui n'eft pas la leur, & parce que tu ne crieras pas, (car je te le défends) ils diront : ah le joli gofier ! quand

je dis, moi : ah la grande & belle voix que j'ai
donnée à ma servante Fel que j'ai créée selon mon cœur & selon mes désirs.

Et les Peuples étrangers viendront à ce
Théatre qu'on appelle Académie de Musique sans mon aveu & lorsque ce n'en est pas
une, & ils y iront pour toi.

Et ils t'admireront, quand ils se moque-
ront de l'ennui de ton Opéra, & ils crieront :
Ah, voilà la Chanteuse, voilà la Chanteuse !

___

CHAPITRE XVII.

La Réprimande.

ET je comptois ainsi établir du Chant
& de la Musique chez toi que j'avois
appellé mon peuple, nonobstant le nombre
de tes défections & de tes égaremens.

Mais ô peuple aveuglé dans tes préjugés,
mes miracles ne te remuent plus, & tu n'ap-
perçois pas les prodiges qui sont l'ouvrage de
ma main.

Et tu as toujours vacillé entre la Musique
& ce qui n'en est pas, & jusqu'à ce jour tu appelles chant ce que j'appelle cri, & tu ap-

plaudis jufqu'à ce jour les ports de voix qui m'offenfent & le fredonnement des cadences que je maudis.

Et ton oreille ne fçait pas diftinguer le faux d'avec le jufte, encore que mon ferviteur Jéliote & ma fervante Fel chantent jufte, depuis qu'ils font au Théatre, que tu appelles Académie de Mufique, fans mon aveu, & lorfque ce n'en eft pas une.

Et tu as forcé mon ferviteur Jéliote & ma fervante Fel, (que j'appelle mes enfans, parce qu'ils fe font conduits felon mon cœur, & felon mes defirs, & que je t'ai donnés dans ma bonté pour t'inftruire & pour te faire plaifir, & non pas pour t'ennuyer) & tu les as forcés à t'ennuyer par de mauvais rôles que tu leur as fait jouer fans fin, & que tu appelles beaux parce qu'ils font vieux; & parce qu'ils les ont bien chantés, tu as crié : oh qu'ils font beaux !

Et jufqu'à ce jour tu ne fais pas diftinguer ce qui eft beau d'avec ce qui ne l'eft pas, ni ce qu'il faut approuver d'avec ce qu'il faut rejetter.

Et ton ignorance ne t'empêche pas de décider avec confiance dans l'aveuglement de ton imbécillité.

C ij

CHAPITRE XVIII.

L'Envoyé.

C'Eſt pourquoi ·la vanité & l'inſolence de ton indocilité ſont parvenues·à leur comble, & je ſuis las de les ſouffrir.

Et encore un moment, & je te balayerai, comme le vent du midi balaye la pouſſiere des champs, & je te replongerai dans la fange de la barbarie d'où j'avois tiré tes peres dans les mouvemens de ma clémence.

Et voici le dernier miracle que j'ai réſolu de faire, & j'en fais un, comme je n'en ai jamais fait : car je commence à te mépriſer, parce que je ne t'eſtime plus.

Et je jure & je dis : Voici le dernier ! Et je choiſis pour mon Envoyé, Manelli mon ſerviteur, & je le retire de la boue & je lui donne des ſouliers & je lui dis : Quitte tes ſabots, & quand tu aura couru les provinces d'Allemagne pour avoir ton pain à manger & ton eau à boire, je t'envoyerai là où la louange t'attend & où tu feras ma volonté.

Et je mettrai des Bourbons à ta droite, & des Bourbons à ta gauche, & ils te protégeront , parce que je les aime , & que je leur ai donné le goût des belles chofes.

Et tu chanteras fur ce Théâtre qu'ils appellent Académie de mufique fans mon aveu & lorfque ce n'en eft pas une , tu les forceras à t'applaudir avec tranfport , malgré qu'ils en ayent.

Et tu ne fçauras que faire de toute ta gloire , & tu t'écrieras dans la modeftie de ton cœur : Non pas à moi , non pas à moi , car il y en a dans ma patrie cinq cens qui valent mieux que moi , & je fuis le dernier de la famille.

Mais je t'ai choifi exprès , malgré la modeftie de ton cœur , parmi les cinq cens qui font au-deffus de toi , pour humilier ce peuple vain & fier que je commence à méprifer parce que je ne l'eftime plus.

Et tu leur porteras la mufique de mon ferviteur Pergolefe qu'on appelle divin jufqu'à ce jour , parce que je l'ai fait fortir tout formé de mon cerveau.

Et ce fera le tems des fignes & des miracles.

Et le philofophe quittera fon cabinet , & le géometre fes calculs , & l'aftronome fon télefcope , & le chymifte fa cornue , & le bel efprit fes cercles , & le peintre fon pinceau ,

& le sculpteur son ciseau ; & il n'y aura que leurs femmes qui n'y voudront pas aller, car elles n'auront point d'oreilles ; & les loges seront remplies par des hommes.

Et ils viendront tous pour t'applaudir, & ils attendront ta compagne, comme l'amant attend celle qu'il aime dans l'impatience de son cœur ; & ils seront dans des transports d'allegresse ; & ils leveront leurs mains vers le ciel dans l'yvresse de leur ame.

Et ils s'embrasseront de joye ; & l'inconnu serrera dans ses bras l'inconnu ; & ils se feront des congratulations entre eux de ce qu'ils ont du plaisir.

Car j'aurai ouvert leur oreille, & ils s'écrieront : Oh ! oh, quelle musique ! Oh ! oh quelle musique.

Et quand ils l'auront entendue pendant trois mois, ils ne pourront plus souffrir la lenteur & la monotonie de leur chant qu'ils appellent récitatif, & que j'appelle moi plein chant.

Et leurs monologues qu'ils disent touchans, les feront bâiller ; les Scènes qu'ils disent intéressantes, les ennuyeront ; & ils s'endormiront aux Scènes qu'ils disent gaïes.

Et un esprit de vertige s'emparera d'eux, & ils ne sçauront plus ce qu'ils veulent, ni ce qu'ils ne veulent pas,

CHAPITRE XIX.

Le Merveilleux.

O Peuple embrouillé dans l'yvreſſe de tes égaremens, ô Peuple de dur entende-ment, écoute ma voix qui te parle pour la derniere fois, & ſois ſenſible à la conſtance de mes avertiſſemens.

Ote-moi l'ennui de ton Opera qui m'em-pêche de m'y trouver. Renonce aux préjugés que tu a ſucés avec le lait de ta mere & dont tu t'abbreuves encore tous les jours.

Délivre-moi du genre puérile que tu ap-pelles merveilleux lorſqu'il n'eſt merveilleux que pour toi & pour les enfans, ſois ſincére dans ton repentir & je tournerai mes bras vers toi & j'oublierai les iniquités de tes peres & les tiennes.

Et je te ferai un Opera ſelon mon cœur & ſelon mes deſirs, & je l'appellerai Aca-démie de muſique, parce que c'eſt ſera une.

Et je ſerai ſon inſpecteur, & il n'y aura plus de bucheron à la tête de ton orcheſtre, & plus de charpentiers pour faire aller tes chœurs.

Et je ferai dans ton orcheſtre & je l'anime-
rai , & je lui apprendrai à ſentir le génie ,
afin qu'il le rende avec goût , & j'en chaſ-
ferai les mauvais violons , & je te donnerai
des Canevas à leur place.

Et je te donnerai des acteurs qui chanteront comme mon ſerviteur Jéliote & comme ma ſervante Fel , & l'on n'entendra plus
les hurlemens ſur ton Théâtre.

Et je chaſſerai de ton Théâtre & les dé-
mons & les ombres & les Fées & les Génies
& tous les monſtres dont tes Poëtes l'ont
infecté par le pouvoir qu'ils ont donné aux
baguettes dans l'accès de leur folie ſans mon
aveu.

Et je conſacrerai ton Opéra , comme celui des Italiens , aux grands tableaux & aux
paſſions & à l'expreſſion de tous les caractè-
res , depuis le pathétique juſqu'au comique.

Et tu ne t'amuſeras plus à faire des éclairs
& des tonneres & des orages , car je t'apprendrai à faire parler les Meropes , les An-
dromaques & les Didons.

Et je ſerai avec tes Poëtes & avec tes Muſiciens : & j'apprendrai à tes Poëtes à faire
des paroles , & à tes Muſiciens à faire de la
Muſique.

Et je donnerai à tes Poëtes l'invention &

l'imagination en partage, afin qu'ils n'ayent plus befoin de la baguette ni des forts.

Et ainfi que tes Muficiens ont fait des notes jufqu'à ce jour, de même ils feront de le mufique qui en foit une, & je mettrai du génie dans leurs partitions & du goût dans leurs accompagnemens, & je les délivrerai du poids des notes dont ils les chargent, & je les trierai moi-même.

Et je leur apprendrai à être fimple fans être plat, & il n'appelleront plus le beau fimple ce qui eft monotone. Et je créerai ton récitatif, & je leur apprendrai à faire de la mufique qui ait un caractere & un mouvement exact & marqué, & qui ne foit pas vuide d'expreffion.

Et je travaillerai avec eux & mon génie les guidera, & j'affignerai fes bornes & fon caractere diftinctif à chaque genre, à commencer de la Tragédie jufqu'à l'intermede.

Et comme j'en ai fait exécuter un, par mon ferviteur Jeliote & par ma fervante Fel, qui t'a fait grand plaifir, parce que je l'ai fait faire felon mes defirs, par un homme dont je fais ce qu'il me plaît, encore qu'il regimbe contre moi ; car je le gouverne, malgré qu'il en ait, & j'ai nommé fon intermede le Devin du Village.

De même j'apprendrai à tes Muficiens à faire des Paftorales & des Comédies & des Tragédies , & ils n'auront plus befoin de dire : ceci eft comique & cela eft tragique, car on le verra bien fans qu'ils le difent, encore qu'ils faffent bien de le dire aujourd'hui.

Et ta gloire fera refplendiffante de tous côtés , & je l'étendrai moi-même chez toutes les Nations , tu feras appellé le Peuple par excellence , & tu n'auras pas ton égal , & je ne me lafferai pas de te regarder , parce que tu me feras plaifir à voir.

Et ton génie & ton efprit & ton goût & tes graces & tes agrémens & ta gentilleffe feront treffaillir mon cœur de joye , car tu feras mon peuple , & il n'y en aura pas comme toi.

CHAPITRE XX.

Le Jeu de Paume.

ET fi tu ne profites pas du moment où il eft tems encore, & du miracle que j'ai opéré par le dernier de mes Envoyés, Manelli mon ferviteur ; pour t'humilier de ce que tu n'as pas voulu écouter ceux que j'avois envoyé vers toi en grand nombre, &

de ce que tu as perſiſté dans l'opiniâtreté de tes faux jugemens & de tes préjugés puériles.

Et ſi la miſſion de mon ſerviteur Manelli, le plus étrange des miracles que j'aye jamais fait, ne peut te ramener de tes égaremens & te déterminer à conſacrer ton Théâtre à la bonne muſique & à en chaſſer l'ennui & la platitude.

Et ſi, pour te corriger, tu attends, dans la vanité de ton orgueil, que je t'envoye un de cinq cens qui valent mieux que lui ; encore que je n'aye aucune envie de le faire :

Voici ce que je dis : Je me vangerai de ton aveuglement étrange, & ta meſure ſera à ſon comble.

Et j'endurcirai ton oreille comme la corne du buffle de la forêt, & dans tes cabales tu ſeras féroce comme l'Onagre du déſert.

Et je permetrai dans ma colére que tu ſiffle la muſique de Tartini mon bien aimé, & l'exécution de mon ſerviteur Pagin.

Et je t'empêcherai de ſentir le génie & le ſublime que j'ai mis dans la muſique Italienne, & malgré cela tu ne pourras plus entendre la tienne ; car elle t'ennuyera, comme elle m'ennuye depuis quatre-vingt ans.

Et des écailles couvriront tes yeux, & tu chaſſeras mon ſerviteur Servandoni, & tu appelleras des Décorateurs du Pont Notre-Dame.

Et ton Théâtre que tu appelles Académie de Mùfique, fans mon aveu & lorfque ce n'en eft pas une, fera défert & abandonné, & tu n'y iras plus pour converfer, ni tes femmes pour fe faire voir.

Et j'infpirerai des projets de retraite à mon ferviteur Jeliote, & je te donnerai des forgerons & des ferruriers à fa place.

Et je t'ôterai ma fervante Fel, & je la placerai où il me plaira ; car je la garde comme la prunelle de mon œil.

Et l'on chantera faux depuis la toile qui fe leve, jufqu'à la toile qui tombe. Et tu feras forcé de fermer ton Théâtre & l'on ne rouvrira fes portes que quand il fera redevenu ce qu'il étoit, cela veut dire un jeu de paume.

CHAPITRE XXI.

Le Soufflet.

ET je porterai ma vengeance bien plus loin. Et je confondrai ta superbe vanité dans laquelle tu te vantes à tes voisins, des Génies que j'ai créés parmi toi, & des Philosophes que je t'ai envoyés ; tandis que tu les outrages dans ton sein, & que tu m'insultes dans leurs personnes.

Et je me souviendrai de toutes tes lâchetés, & elles feront sans cesse présentes à mes yeux.

Depuis le jour où tu sifflas le Misantrope, jusqu'à celui où tu commis le péché irrémissible, en préferant, contre le témoignage de ta conscience & de ton oreille, le carnaval du Parnasse à Zoroastre.

Depuis le triomphe de la Phédre de Pradon sur la Phédre de Racine jusqu'au triomphe de l'Opéra Comique sur la Comédie Françoise.

Et je t'ôterai le Théâtre de la Comédie Françoise, & je l'établirai chez les Nations étrangeres & tu ne l'auras plus, car tu auras réduit tes Acteurs à la mendicité.

Et les peuples lointains verront les chefs-d'œuvres de tes peres, & ils les verront sur leurs Théâtres & les admireront sans faire mention de toi ; car ta gloire sera passée, & tu feras par rapport à tes Peres, ce que les Grecs d'aujourd'hui font par rapport aux Anciens, cela veut dire, un peuple barbare & stupide.

Et quand tu voudras voir ton Polieucte, & ta Phédre & ton Athalie & ta Zaïre & tant d'autres qui font les chefs-d'œuvres de l'esprit humain, & que j'ai faits dans ta Capitale & à ta face, tu feras obligé de faire trois cens lieues vers l'Orient ; & à quatre cens lieues de chez toi on jouera ton Misantrope & tes femmes Sçavantes. Et l'on admirera les génies que je t'ai donnés, sous l'Astre de l'Ours & sous l'Astre de l'Orion, & toi seul tu ne les entendras plus.

Et la Farce italienne deviendra ton spectacle favori, & tu le trouveras délicieux. Et tu verras Arlequin & Scapin Voleurs par amour soixante-dix fois de suite, & plus la Farce sera mauvaise, plus tu y prendras goût, car tu feras stupide.

Et tu courras dans la frénésie de ton esprit, à un spectacle qui me dégoûte, & tu l'appel-

(47)

feras, dans la bêtife de ton entendement ; Opéra Comique, lorfque ce n'eft pas un Opéra, & lorfqu'il n'eft pas comique, & tu auras le malheur de t'y plaire.

Et tu quitteras tes Dumefnils & tes Dangevilles, tes Grandvals, tes Sarrafins & tes Armands pour des l'Eclufes & des Ratons. Et le Vaudeville groffier & licentieux fera les délices de ton efprit, & tu le trouveras délicat..

Et l'indécence & la platitude des propos ne te choqueront plus. Et l'on outragera les mœurs chez toi impunément, car tu n'en aura plus, & tu ne fentiras plus ni ce qui eft bien, ni ce qui eft mal.

Et tes Philofophes ne t'éclaireront plus, & je les empêcherai d'écrire & les preffes leur feront défendues.

Et ils n'auront plus de plaifir d'habiter chez toi, car je n'y ferai plus.

Et la voix fe tût :

Et moi *Gabriel - Joannes - Nepomucenus - Francifcus de Paula Waldftorch*, dit *Waldftoerchel, Philofoph. & Theolog. Moral. in Coll. Mai. RR. PP. Soc. Jef. ftudiof.* natif de Boehmifchbroda en Bohême, je pleurai fur le fort de ce peuple ; car j'ai le cœur tendre de mon naturel ;

Et je voulus intercéder pour lui, parce que je suis bon, & que j'étois las d'écrire, car il y avoit long-tems que j'écrivois.

Et j'eus tort, car la voix étoit en colére, & je reçus un soufflet, & ma tête donna contre le pillier du coin qu'on appelle le coin du côté de la Reine jusqu'à ce jour;

Et je m'éveillai en sursaut, & je me trouvai dans mon grenier que j'appelle ma chambre, & je trouvai mes trois Menuets dont le second est en mineur.

Et je pris mon Violon, & je les jouai, & ils me plûrent comme auparavant, & je les rejouai, & ils me plûrent davantage, & je dis : Faisons vîte les autres, car il en faut deux douzaines; & je ne me sentois plus la force du génie, car la chose qu'ils appellent Opéra, m'étoit toujours présente, & je faisois beaucoup de Notes & point de Menuets, & je m'écriai dans l'amertume de mon cœur : Que n'ai-je achevé les deux douzaines avant la Vision !

F I N.

RÉPONSE

DU COIN DU ROI

AU COIN DE LA REINE.

Seconde Edition corrigée & augmentée.

IL y a bien de la différence, dit un Auteur moderne, entre les titres qu'on a, & les titres qu'on prend.

Je viens d'en voir la preuve, en lisant les *Prophéties*. Cet homme-là se dit *Prophéte*, & je gagerois qu'il ne l'est pas. Je lui accorde tout au plus le don de *Vision* ; il s'est crû monté au haut d'une échelle : mais moi qui ai des *Visions* tout comme un autre, je l'en ai vû dégringoler. Je ne prétens cependant pas lui refuser de l'esprit ; peut-être même suis-je son ami ; mais je suis encore plus sûr de n'être pas de son avis. Il aura beau me dire du mal des Opéra François, & faire l'éloge des Opéra Italiens, il ne me convaincra pas, je resterai persuadé qu'*Armide* vaut mieux que la *Dona Superba* : & j'aurai plus de plaisir à entendre, *Armide vous m'allez quitter*, qu'à voir mon *serviteur Manelli* s'impatienter de ce qu'on ne lui apporte pas son chocolat.

E

La Musique Italienne est une coquette qui croit faire des mines, & qui souvent ne fait que grimacer des mots.

La Musique Françoise est une femme tendre qui peint des sentimens. J'accorde les Ariettes à la premiere ; mais que l'on soit équitable : la Musique Italienne fournit de fort jolis hors-d'œuvre : la Musique Françoise fait le fond du repas.

Il faut convenir qu'il y a de grandes beautés dans les Poëmes que ces Messieurs nous ont donnés. Cet homme qui a perdu sa cervelle, qui la cherche dans sa poche, & qui à la place n'en fait sortir que des moineaux, produit un grand effet. Le quatuor de *Ti*, de *Te*, de *Ta*, & de *To*, est ingénieux, & rend de belles images.

Cet autre, où le premier annonce qu'il chantera en *be-fa-sol* : le second en *ge-re-sol* : le troisiéme qui imite le bruit d'une horloge : & le quatriéme les coups d'un marteau, est un quatuor où la joie est exprimée avec autant de vrai-semblance que de noblesse. Je crois que c'est des Italiens qu'on peut dire, *comparaison n'est pas raison.* Malgré cela, je suis persuadé que la *Gouvernante* sera un chef-d'œuvre : mais cependant avant de l'avoir vûe, je parierai même pour *la Gouvernante* de la Comédie Françoise.

J'avoue que je ne ſuis point un hypocrite en Muſique, quoiqu'à préſent tout en fourmille. On fait ſemblant d'aimer la Muſique Italienne pour faire imaginer qu'on a la tête bien organiſée : l'incrédulité même a ſes dévots de vanité, on eſt impie ſans principes, pour faire croire qu'on a la tête forte. On ne veut plus être ſoi. Je connois beaucoup de bonnes gens qui ſe tuent à s'efforcer d'être méchans : il y a en d'autres qui auroient du bon ſens, & qui ne veulent avoir que de l'eſprit. On voit des femmes froides qui ſe mettent au jeu ſans avoir de dépenſe à faire : il n'y a pas juſqu'à des Fermiers généraux qui ſe donnent les airs de ſe ruiner comme de grands Seigneurs.

A préſent tout eſt réduit en airs. C'eſt par cette raiſon que la plûpart de nos François exaltent les bouffons, pour ſe donner un vernis d'étrangers : ils ſe croyent obligés de ſacrifier nos Opéra, pour faire les honneurs de la nation : ils mettent d'abord *Lulli* à la derniere place en effet c'eſt-là, qu'il doit être, il ſera toujours le maître de la maiſon.

Je ne rends pas moins de juſtice aux autres : c'eſt une duperie que les goûts excluſifs : les femmes mêmes en ſont revenues : j'épouſe tous les plaiſirs, & je n'épouſe aucun parti !

Rameau eſt certainement le premier

homme de son siécle. J'admire la scéne de *Dardanus*, & je n'ai pas moins de plaisir après, quand j'entends les Ariettes qu'il prend chez les Italiens. Je le regarde comme un grand Négociateur qui allie deux Puissances étrangeres : *les Indes Galantes* ne diminuent pas à mes yeux le mérite d'*Issé*. Lorsque le *petit Prophéte* proscrit le merveilleux, je songe que la scéne du tonnerre dans *Thetis & Pelée* n'auroit jamais eu lieu, & que j'aurois un grand plaisir de moins. *Armide* (car j'y reviens toujours) n'existeroit pas : le *Silphe* qui est fondée sur une baguette, ne feroit pas du bien à mon ame : & si l'on se réduisoit aux Ariettes, on seroit privé du cinquiéme acte de *Pyrame & Tisbé*.

Voilà ma façon de penser, qui seroit sans doute meilleure, si j'étois admis dans *le Coin de la Reine* ; mais je ne vais jamais que dans le Coin du Roi, où l'on n'a pas l'oreille si délicate, attendu que l'on n'y connoît point les trois menuets de Prague, *dont le second est en mineur.*

J'avoue cependant que ma curiosité piquée par l'éloge du *Prophéte*, me détermina il y a quelques jours à me glisser dans ce sanctuaire. En vérité, c'est un voyage que je conseille de faire, pourvû que l'on attende qu'on ait le goût formé ; on s'imagine

être transporté dans une République ; on y
rencontre beaucoup de gens d'esprit qui ne
sont façonnés qu'à dire des bons mots ; &
l'on sçait que des bons mots ne sont pas toujours de bonnes choses. C'est un petit peuple qui a ses Philosophes, ses Sçavans, ses
Géometres, ses Docteurs, ses Aggrégés,
ses Poëtes, ses Magistrats, ses Officiers,
ses Artistes, & ses Prêtres sur-tout. Ce
sont ces derniers qui donnent le plus de
besogne au sentinelle. Il dit inutilement :
*Baissez la voix, M. l'Abbé ; mais, M. l'Ab-
bé, ne parlez donc pas tant, vous vous croyez
dans une Eglise.* M. *l'Abbé* parle toujours
avec la même activité ; je m'approchai
pour écouter son instruction pastorale, je
crûs que ce Lévite portoit des arrêts sur
la Musique ou sur le Poëme ; je me trom-
pai, il ne jugeoit que les jambes des Dan-
seuses. On me dit que c'étoit le départe-
ment de ces *Messieurs.*

Je vis à ma gauche un homme qui distri-
buoit des dragées aux autres pour les enga-
ger à trouver détestable la Musique Françoise; (ce que c'est que la séduction, elle em-
ploye toutes sortes de moyens) je lui deman-
dai la raison de cette inimitié : il me répon-
dit que notre *récitatif étoit toujours un contre-
sens.*

Cela est difficile, lui répliquai-je, à ap-

percevoir dans les Opéra modernes, les paroles y mettent bon ordre ; ou elle ne ren-
dent rien , ou elles n'ont que de l'esprit , la
Musique n'a point de caractere pour expri-
mer des Epigrammes , elle ne peut peindre
que des sentimens ou des images.

A l'égard des Opéra anciens , le récitatif
me *semble* être dans la nature. Il paroîtroit
moins lent , si les Acteurs vouloient faire
attention à débiter plus vîte.

Comment , répond mon homme , je suis
content de vous ? Il y a quatre jours que
vous me disiez des duretés qui vous ont fait
plus de tort qu'à moi ; aujourd'hui vous
m'*opposez* des raisons , voùs prenez un bon
parti ; ce n'est pas tout que d'être du *Coin
du Roi* , il faut être poli. Je le reconnus pour
un fort galant homme ; & je sens même que
je l'aimerois , s'il étoit possible de s'aimer ,
lorsqu'il s'agit d'une dispute de religion
aussi intéressante.

Les habitans de ce quartier ne sont pas
concluans ; mais en général ils sont amu-
sans ; ils lancent des traits , sans porter de
jugemens , & donnent des ridicules au lieu
de donner des regles ; ils exerceroient encore leur despotisme , si *Titon* ne les eût pas
détrônés. *Titon* est rajeuni , ils sont devenus
vieux ; qui le croiroit ? Ils ont quitté le *Coin* ;
ils s'étoient par cabale divisés en pelotons ;

ils font maintenant obligés d'y être par dé-
route. On les rencontre difperfés dans les
corridors, au paradis, fur l'efcalier ; ils re-
préfentent les Juifs abandonnant Jerufa-
lem ; ils me tirent à quartier , me regardant
comme un efprit foible ou nul : Et bien, me
répetent-ils fans ceffe , cela eft miférable ?
Mais cependant, leur dis-je , cette naiffan-
ce de l'*Aurore* me paroît une peinture bien
développée , le duo eft dans un genre neuf,
le chœur des vents eft impofant ; d'ailleurs
il eft bienfaifant , il a tué les bouffons comme cette efpece de vent en été qui fait mou-
rir les hannetons. Le monologue du troi-
fiéme acte eft un morceau où il y a plus de
génie que dans toutes les fanfreluches Ita-
liennes. La fcéne qui fuit eft intéreffante,
l'Ariette de la fin fe moque des *Mal-in-
tentionnés* , & le total de l'Opéra eft agréa-
ble.

Mes amis Bouffons font embarraffés , &
croyent fe tirer d'affaire , en m'affurant
que ce Ballet ne peut pas être doublé. Il eft
certain que ce défaut , fi c'en eft un , ne fe
trouvera jamais dans les exécutions bouf-
fonnes; car fi M. *Lazarry* & même M. *Manelli* tomboient malades , je crois que l'on
rencontreroit des gens en état de les rem-
placer aux portes des grands Hôtels & de
tous les Spectacles. Je ne fçache que ce

prétendu *Monsieur* qui ne fait pas si bien l'homme que Mademoiselle *Labathe*, que personne ne seroit curieux de doubler. C'est une pièce de crédit dont on ne pourroit pas trouver la monnoie.

Je conclus que l'on fait très-bien de laisser le jeudi libre à ce Spectacle : c'est lui parter la botte secrette ; il faut que M. le Prevôt des Marchands soit un malin peste, pour avoir trouvé cela tout seul.

Cependant pour éviter la chûte, M. *Bambini* n'a qu'à mener sa troupe en Allemagne, elle y sera encore mieux accueillie qu'en France : car hier on m'envoya cette affiche.

AVIS AU PUBLIC.

Vous êtes averti que le Goût a été perdu sur la Place du Palais Royal ; il a été trouvé par deux Allemands ; ils sont priés de le rendre, lorsqu'on leur aura demandé compte de ce qu'ils ont crû trouver.

Du Coin du Roi, ce 5 Janvier 1753.